P

Hans-Georg Gadamer (11 de febrero de 1900, en Marburgo — 13 de marzo de 2002, en Heidelberg), filósofo alemán y considerado quizá el más brillante alumno de Heidegger, fue profesor emérito de la Facultad de Filosofía en la Universidad de Heidelberg, ocupando la plaza que habría dejado Karl Jaspers. Su proyecto filosófico estuvo principalmente atravesado por la renovación de la tradición hermenéutica, misma que encuentra su cenit en la publicación de su obra más célebre *Verdad y método*, en 1960. Su objetivo era descubrir la naturaleza de la comprensión humana. Además de sus vastas aportaciones filosóficas, mantuvo un debate abierto y continuo con

Estancias

Dolor

un libro de
HANS-GEORG GADAMER

Dolor
Consideraciones desde una
visión médica, filosófica y terapéutica

PARADISO EDITORES

Colección *Estancias*

Título original: SCHMERZ. EINSCHÄTZUNGEN AUS MEDIZINISCHER, PHILOSOPHISCHER UND THERAPEUTISCHER SICHT

© 2003, 2010 Universitätsverlag Winter GmbH Heidelberg
© 2020 Paradiso editores, S.A. de C.V., México
www.paradiso-editores.com

Fotografía del autor: © 1999 Philipp Rothe, Heidelberg

ISBN 978-607-98596-6-4

Primera edición en español, 2020

Impreso y hecho en México
Printed and made in Mexico

Todos los derechos reservados. Esta publicación no puede ser reproducida, ni en todo ni en parte, ni registrada en, o transmitida por un sistema de recuperación de información, en ninguna forma ni por ningún medio, sea mecánico, fotoquímico, electrónico, magnético, por fotocopia, o cualquier otro, sin el permiso previo por escrito de la editorial.

Dedicado a la memoria de Hans-Georg Gadamer

Índice

13 | *Nota a la edición en español*
PARADISO EDITORES

17 | *Nota a la edición en alemán*
UNIVERSITÄTSVERLAG WINTER

19 | *Prólogo a la edición en español, por Gerardo Piña*

25 | *Prólogo a la edición en alemán, por Marcus Schiltenwolf*

35 | *1*
Dolor: consideraciones de un filósofo

55 | *Epílogo a la edición en alemán, por Hermann Lang*

67 | *Carta de Hans-Georg Gadamer a Marcus Schiltenwolf*

Hans-Georg Gadamer en su biblioteca (Heidelberg-Ziegelhausen)
Noviembre 1, 1999

Nota a la edición en español
Paradiso editores

Este texto de Hans-Georg Gadamer fue la última conferencia pública que brindó en su vida. El tema central del libro es el dolor, en específico, la cronificación del dolor. Sin embargo, al ser una intervención sorpresiva por parte de Gadamer durante el simposio de la Clínica Ortopédica de la Universidad de Heidelberg, celebrado el 11 de noviembre del 2000, ya que no había confirmado su participación, el escrito cobra un sentido más íntimo y personal, incluso testimonial. Así, Gadamer nos muestra otro lado del dolor físico como una tarea de vida aunado a un pensamiento hermenéutico, pues al indicar la importancia que éste tiene en la vida de cada individuo, lo coloca como espina dorsal de su existencia. El dolor físico es visto no como algo para evadir a toda costa, sino precisamente como una parte sustancial de la vida para confrontar su acechanza.

La obra de Gadamer es vasta, focalizando su empeño en la tradición hermenéutica y el pensamiento filosófico alemán del siglo XX. Siendo reconocido como uno de los filósofos más destacados del último siglo —auténtico testigo de ese siglo—, su obra muestra una renovación de la hermenéutica. Pues como lo menciona en una entrevista concedida a Ingeborg Breuer: "La hermenéutica es el arte de comprender la opinión del otro". Dicha afirmación puede verse inscrita extraordinariamente a lo largo de su ponencia.

El prólogo a la edición en español estuvo a cargo del escritor y traductor Gerardo Piña, a lo cual implica una lectura distinta de su obra, un crisol literario cuya perspectiva sea la crítica. Agradecemos el empeño y dedicación para realizar esta tarea.

Dado el valor histórico y acontecimental de esta ponencia, decidimos conservar las intervenciones del público, así como del profesor Marcus Schiltenwolf y del profesor Hermann Lang, con el fin de mantener la integración de lo que marcó un suceso memorable.

El 13 de marzo del 2002, a un mes de haber celebrado su 102° cumpleaños, en la ciudad de Heidelberg, Gadamer fallece un miércoles. Este pequeño texto sirve de testimonio no solo de su obra sino también de su vida.

Nota a la edición en alemán
Universitätsverlag Winter

La ponencia sobre el tema del "dolor" que diera Hans-Georg Gadamer en el marco del simposio organizado el 11 de noviembre del 2000 en la Clínica Universitaria de Ortopedia de Heidelberg, fue la última presentación pública del gran filósofo. Al describir el dolor como una tarea de vida, Gadamer formuló en dicha ponencia una verdadera provocación para el colegio de médicos. Esa tarea, lejos de ser un defecto o una deformación del individuo con padecimientos, se acerca más bien estructuralmente a aquello que ocupó a Gadamer toda su vida: la hermenéutica. El acto de entender caracteriza también la conversación que posteriormente sostuvieron Gadamer y el público especializado, y durante la cual ambas partes buscaron, si bien con titubeos, un acercamiento. El presente volumen toma dos cosas en consideración: por un lado, reproduce sin cambio alguno el discurso libre y animado de Gadamer e intenta de esa manera ofrecer al lector una impresión de esa ponencia colmada de energía; por otro lado, se contrastan las observaciones del filósofo con reflexiones sobre el fenómeno del dolor desde un punto de vista médico y terapéutico. Para esta ocasión ha redacto Marcus Schiltenwof, profesor de la Clínica Universitaria de Ortopedia de Heidelberg, un prefacio desde una perspectiva auténticamente médica; Hermann Lang por su parte, alumno de Gadamer, ha contribuido con un un epílogo auténticamente terapéutico.

Prólogo a la edición en español
Gerardo Piña[1]

---

[1] La traducción de las frases del texto de Gadamer son mías.

EN EL NÚCLEO DE la filosofía de Hans-Georg Gadamer está la búsqueda por comprender el fenómeno de la comprensión misma. ¿Cómo llegamos a entender algo? ¿Cómo influyen nuestras circunstancias en el momento en que intentamos comprender un evento, un concepto, por ejemplo? ¿Qué determinan nuestras interpretaciones de los textos, las palabras que escuchamos, los fenómenos que nos acontecen? Para Gadamer, todos tenemos un horizonte compuesto por nuestros conocimientos, experiencias y prejuicios. Cuando nos encontramos con algo nuevo (un libro, por ejemplo) nuestro horizonte hace contacto con el horizonte contenido en ese algo (en el caso de un libro sería el horizonte deducible del autor del texto). Esa fusión de horizontes nos permite conocer, comprender e interpretar un fenómeno. Gracias a la persona que soy en este momento en que leo este libro es que puedo comprender ciertas cosas e interpretar esta lectura. Esto no significa que mi comprensión o mi interpretación del texto vayan a ser las mismas toda la vida. Una relectura, por ejemplo, ofrece nuevas interpretaciones a un mismo lector porque éste —paradójicamente— ya no es el mismo. Conforme pasa el tiempo vivimos nuevas y más experiencias, conocemos nuevas obras y, algo muy importante para Gadamer, nuevas personas. Así, en una relectura, el libro es el mismo, pero nosotros no. ¿Esta nueva interpretación de tal o cual texto en la relectura invalida la anterior? Gadamer dice que no. La comprensión y la interpretación de un fenómeno no son elementos fijos, estáticos. Esto es importante para conocer lo que este filósofo tiene que decirnos acerca del dolor.

Gadamer inicia su conferencia acerca del dolor con la propuesta de una conversación; punto central en su filosofía.

"Por eso cada conversación es tan valiosa, porque despierta en nosotros el conocimiento de nuestros propios límites", dice. Para él, las conversaciones son circunstancias privilegiadas en el desarrollo de las ideas, en el encuentro de horizontes. Una conversación no puede planearse y, si se asume con honestidad, lleva a sus interlocutores a darse cuenta de aquellas cosas que ignoraban o habían imaginado de otra manera, al mismo tiempo que les permite aportar algo —a veces inédito— para ellos mismos y sus oyentes. En este caso, Gadamer nos invita a partir de algo relativamente obvio: "Se puede asumir que soportar y aliviar el dolor siempre ha sido un objetivo del comportamiento humano". Es cierto, la humanidad busca constantemente evitar el dolor; podríamos decir que es algo natural o instintivo. Sin embargo, poco después, Gadamer también nos invita a darnos cuenta de que el dolor es siempre subjetivo. Tomemos como ejemplo un dolor de cabeza. Es algo que probablemente todas las personas hemos experimentado. Sin embargo, no hay forma de comparar la manera, la intensidad, la frecuencia, etcétera, con que cada quien experimenta ese dolor. Para que un médico pueda recomendar un cierto analgésico necesita, en mayor o menor medida, de un acto de empatía y de apertura para tratar de comprender e interpretar los signos que el paciente le comunica al momento de describir su molestia.

Gadamer enfatiza después la importancia de afrontar el dolor. Habla de su propia experiencia al haber contraído poliomielitis a los 22 años y cómo ahora, ya un anciano, el dolor es algo constante y familiar. "Es absolutamente necesario no perder el valor, por muy grande que sea el padecimiento. Quien logre hacer esto puede superar el dolor", afirma. Y, como es costumbre en sus análisis, Gadamer señala los sentidos etimológicos de las palabras que a veces utilizamos sin darnos cuenta. Por ejemplo, el verbo *verwinden* que significa "sobreponerse a algo" contiene, a su vez, el verbo *winden* que significa, entre otras cosas, "retorcerse" (como cuando se tiene un dolor agudo). Gadamer nos recuerda que el verbo *verwinden*, sobreponerse, ya contiene en sí mismo el sentido de superar el dolor, de superar aquello que nos hace retorcernos. "Esto es un dominio del dolor, por así decirlo", afirma el filósofo alemán. Para él, es importante no dejarnos vencer por el dolor no solo porque evitarlo es, como ha afirmado antes, una constante del comportamiento humano, sino porque a través del dolor reajustamos nuestras prioridades. "El dolor es la más grande oportunidad para por fin 'hacer frente' a lo que hemos dejado", afirma Gadamer. "La verdadera dimensión de la vida se hace evidente en el dolor, si uno no se deja vencer". Así como *verwinden* significa sobreponerse, Gadamer nos recuerda que *überwinden* significa "vencer", "conquistar"; es decir, dominar aquello que nos hace retorcernos. Para él, la experiencia del dolor "es quizás más una cuestión de sacar a relucir lo que comprendemos de las cosas, tal vez en virtud de la constelación correcta en el dolor y sus limitaciones, para comunicar lo que somos". Al experimentar y tratar el dolor accedemos a una mejor comprensión de quiénes somos, cuáles son nuestros límites y qué queremos comunicar.

En nuestra búsqueda por evitar el dolor recurrimos a la medicina casi como primera instancia. Sin embargo, dice el autor de *Verdad y método*, la medicina actual busca que mitiguemos el dolor, no que lo superemos. "No se trata de olvidar el dolor lo más pronto posible sino de prepararnos para llevar una vida soportable dedicándonos a lo que nos importa", afirma el filósofo. El dolor, nos recuerda de un modo indirecto, es el síntoma, no el padecimiento. Si no resolvemos aquello que da origen al dolor, nos condenamos a depender de los paliativos por un tiempo indefinido y a padecer sus efectos secundarios.

Al hablar de su médico y amigo, Paul Vogler, Gadamer reconoce el potencial de los remedios tradicionales frente a la medicina alópata. "El médico ya no puede actuar libremente", afirma, "está bajo los dictados de la gran industria, la química farmacéutica, y por lo tanto se olvida cada vez más de canalizar de verdad al paciente hacia donde tiene sentido: su responsabilidad personal hacia sí mismo y la vida en general". Este tema, tangencial en apariencia, cobra cada vez más fuerza en la actualidad: ¿cuántos de nuestros padecimientos pueden aligerarse (i.e. aliviarse) si asumimos nuestra responsabilidad con nuestro organismo y nuestro medio ambiente a través de dietas y hábitos saludables? Gadamer no afirma en ningún momento que la medicina actual no sea necesaria o útil; subraya que las compañías farmacéuticas han tomado un control importante de la práctica médica en muchos países y la labor del médico ha cambiado al respecto. El paciente inicia su tratamiento con una actitud pasiva en lugar de constituirse como un agente que busca una guía (un médico) para contribuir a su propia sanación.

El dolor nos lleva a recordar que somos finitos y vulnerables y que solo a través de su comprensión podemos sobrellevarlo. A través de esta charla, Gadamer nos ofrece algunas pautas para iniciar una conversación más importante aún: una con nosotros mismos para comprendernos mejor y atender las causas profundas de nuestros malestares y, por extensión, de los profundos malestares de nuestro tiempo.

Prólogo a la edición en alemán
Marcus Schiltenwolf

Un gran número de los pacientes que diariamente consulta a un médico (por ejemplo, por cuestiones ortopédicas) sufre de dolores de espalda. Los dolores de espalda son uno de los padecimientos más comunes en las sociedades posindustriales, y en Alemania representan una de las causas principales para pensionarse de manera prematura. Los dolores de espalda son caros, hasta 20 mil millones de euros son utilizados en Alemania para el diagnóstico y las terapias, así como para los costos que se derivan de la incapacidad laboral y el pago de pensiones.

Las modalidades terapéuticas y de diagnóstico han experimentado en los últimos años un cambio significativo; tanto los campos básicos de la teoría médica (anatomía y fisiología) como las observaciones de los médicos y psicólogos tratantes, han contribuido al avance del conocimiento y de la comprensión necesarios para el tratamiento del dolor lumbar, de los padecimientos de espalda alta y baja, de las vértebras, así como de la ciática.

El avance en los conocimientos científicos en medicina exige una comunicación regular para su difusión, esto con la finalidad de permitir que una mayor cantidad de pacientes pueda beneficiarse de esos avances. Los foros para dicha comunicación son sobre todo los simposios y los congresos, además de los medios impresos.

El 11 de noviembre del 2000 tuvo lugar en la Clínica Ortopédica de la Universidad de Heidelberg el congreso titulado: "Una aproximación a los pacientes con problemas ortopédicos crónicos". El congreso estaba dirigido a médicos y psicólogos clínicamente activos, interesados en ampliar sus conocimientos sobre los fundamentos de las terapias aplicadas en los padecimientos de espalda, así como aquellos interesados en profundizar en los problemas de la relación paciente-médico. Con un año de anticipación se planeó el programa, el cual fue desechado y armado nuevamente para dar cabida a las diferentes dimensiones del problema. Al final se consideraron aportaciones provenientes de la investigación en torno a la epidemiología, los modelos de cronificación celular y los dolores musculares crónicos, así como los procesos de adaptación inmunológica a dolores crónicos de ciática; la intención era que la medicina clínica se formara una opinión acerca de las posibilidades de la llamada terapia integral, es decir, los modelos terapéuticos que combinan proporcionalmente los aspectos corporales y los psicológicos; así mismo debían esclarecerse, frente al estado actual del conocimiento especializado, los problemas de la relación paciente-médico y del valor del tratamiento, ya sea que éste fuera con medicamentos, manual o intervencionista (por ejemplo, con inyecciones).

Recuerdo muy bien que en noviembre de 1999, sentado en mi escritorio sostenía entre mis manos el programa definitivo del congreso, mientras tanto mi mirada se posaba de cuando en cuando en la biografía de Hans-Georg Gadamer, escrita por Jean Grondin, que llevaba meses ahí esperándome. Cuando fue presentado el libro en Heidelberg, a comienzos de 1999, se dijo que el propio Gadamer habría asegurado su participación, pero que finalmente no podría asistir por motivos de salud, pues padecía de ciática. Ya no sé qué fue lo que me inspiró a establecer una conexión entre Hans-Georg Gadamer y el congreso sobre padecimientos de espalda; mi mirada, clavada en el libro, no me daba tregua. Estaba convencido de que no sólo la investigación científica en medicina debía esclarecer los problemas de espalda, también alguien como Gadamer, para quien la reflexión y la discusión sobre lo humano seguían siendo —a su avanzada edad— una profesión y vocación, debía comentar desde una posición neutral el quehacer de la medicina, además, tratándose de alguien directamente afectado por el problema, Gadamer tenía todo el derecho y la razón para hacerlo.

¿Por qué entonces un filósofo en medio de contribuciones exclusivamente de médicos? La investigación médica —la experimental en los laboratorios para los campos básicos de la teoría médica (anatomía y fisiología), la clínica por parte de los médicos y psicólogos mediante la observación de pacientes— ha hecho avances casi inabarcables en el conocimiento del origen y el tratamiento del dolor. Gracias a ello se ha podido refinar el uso terapéutico de los medicamentos, han aumentado las posibilidades de las intervenciones quirúrgicas, y se han adquirido conocimientos acerca de procedimientos de tratamiento con poco o nulo éxito. Mucho de lo que hasta hace poco era bueno y barato, es desechado hoy por su poca utilidad. La transición de dolores esporádicos a dolores constantes, es decir, la cronificación (*Chronifizierung*), se ha estudiado intensivamente, de modo que hoy es posible indagar y analizar científicamente un enunciado como este: "De hecho puedo lidiar bien con el dolor, pero estos dolores con los que tengo que luchar ahora son demasiado para mí, ¡no puedo más!".

Sin embargo, el dolor como enfermedad no ha sido ni de lejos vencido, muy al contrario: muchos dolores aumentan a pesar del tratamiento médico, se tiene incluso la impresión de que ciertas condiciones sociales promueven la aparición y la regularidad de ciertos dolores, podrían mencionarse, por ejemplo, la creciente mecanización de las actividades cotidianas pero también el ajetreo, la presión por falta de tiempo y el descuido de las necesidades corporales de movimiento y relajación. Independientemente de la carrera a contra reloj entre las condiciones de la vida diaria y las posibilidades que ofrece la medicina, y en medio del trato cotidiano con pacientes, aparece siempre el paciente en el foco del interés terapéutico, el paciente con sus necesidades particulares cuando se trata de mitigar los dolores crónicos mediante un plan de tratamientos que, se espera, será exitoso.

Pues a pesar de todos los conocimientos y esfuerzos médicos el paciente sigue siendo el afectado, el que se encuentra en el centro del dolor. Existen pocos indicios para poder estar seguros de que un tratamiento contra el dolor pueda ser exitoso si se pasa por encima del paciente, es decir, casi como si se tratase de una acción mecánica sobre un objeto defectuoso. Debe alcanzarse un entendimiento del paciente como sujeto, se debe dar lugar a la comprensión de la terapia, sin importar el tipo de medidas que ésta incluya: con fármacos, quirúrgicas, físicas o psicológicas. Sólo la comprensión puede convertir al paciente en partícipe de la terapia de su propio dolor, y esta participación es la base fundamental para entablar los procesos de asistencia médica.

Abrí el directorio telefónico, marqué un número y obtuve conexión. Nunca antes había tenido contacto personal con Hans-Georg Gadamer, pero se dio sin plan y sin empeño una charla de casi una hora sobre el dolor, las terapias contra el dolor, el conocimiento, los mitos, la sensatez y la insensatez. Insensato, por ejemplo, fue el reportaje sensacionalista acerca de su salud, donde se dijo que él no asistió a la presentación de su biografía a causa de su ciática; la razón fue más bien que, al no tratarse de su libro, él no tenía nada que hacer ahí. Gadamer habló sobre su poliomielitis, su convalecencia, y de que a su avanzada edad se daba cuenta de que logró superar esta difícil enfermedad. Si bien el tema le interesaba, no quería comprometerse a nada, pues temía que las interminables festividades del año 2000, relacionadas con su aniversario, lo ocuparan demasiado.

El programa del congreso se imprimió con una vaga confirmación por parte de Gadamer. Yo podía sentir su deseo de cumplir con su contribución al congreso y de no querer renunciar, así como también el límite de sus fuerzas frente a los compromisos que su cumpleaños número 100 le imponía. Y sin embargo: cinco minutos antes de las conferencias de la tarde, Gadamer tomó su lugar en el auditorio de la Clínica de Ortopedia de la Universidad de Heidelberg-Schlierbach y siguió con atención las conferencias que precedían a la suya.

Las contribuciones de los investigadores en medicina, psicología y ciencias naturales coincidían en una cosa: el dolor no debía volverse crónico, pues el dolor sensibiliza al cuerpo y así se dan procesos de adaptación que transforman al paciente con dolores agudos. Debía emplearse todo cuanto podía ofrecer la técnica curativa para luchar contra el surgimiento de los procesos de cronificación en el cuerpo y en la psique, dado que la auto-curación no existe.

Gadamer comenzó hablando en tono bajo, luego cada vez más fuerte, pero desde el inicio lo hizo con decisión. No, el dolor no era una pregunta por el mejor medicamento sino una pregunta para el paciente mismo. Gadamer formuló un paradigma interesante al declarar el dolor como una tarea (*Aufgabe*). Ante un círculo de convencidos de la terapia, cuya ética médica prescribe que hagan "todo, excepto lastimar" —los cuales sin embargo viven y sienten la obligación de ayudar y curar—, Gadamer lanzó la siguiente provocación: No, nada de medicina, sino aprender a resolver la tarea con el dolor. El propio afectado es el protagonista de la cura.

Claro que Gadamer dejó abierta la cuestión de cuánta medicina y cuántos doctores debían permitirse, saber dónde debía trazarse la línea divisoria entre lo que sigue siendo importante y lo que ya resulta demasiado, pero ésta no era su cometido como filósofo en medio de científicos, médicos y psicólogos. Lo que sí hizo fue indicarles un nuevo sitio a los terapeutas, no por encima del paciente sino a su lado, ahí donde pueda conseguirse una terapia exitosa con el paciente mismo, donde sea posible replantear la polarización entre los procedimientos de la cronificación del dolor y los procesos de aprendizaje, para que éstos actúen contra aquéllos. El paciente no debe convertirse en un instrumento de la medicina, puesto que es y debe seguir siendo el sujeto de una evolución, la evolución de su propia afectación causada por el dolor. El paciente puede requerir de ayuda médica para la comprensión de esta evolución.

Tal vez sin saberlo el humanista parafraseó los conocimientos médicos y psicológicos en el sentido de que sólo el paciente comprensivo se siente motivado para hacer una terapia, está dispuesto a aceptar la medicación y los efectos colaterales que conlleva, además de que puede mostrarse paciente y tenaz. Este paciente habrá declarado la terapia como propia, determinada por él mismo, y de la que él se hace responsable porque la terapia no significó ponerlo a él bajo tutela. De este modo se le da la posibilidad de percibir su propia tarea durante el tratamiento de los dolores. Al final, la solución de dicha tarea puede desembocar en el desprendimiento y en el hecho de superar la necesidad de una terapia.

Gadamer podía hablar desde su propia experiencia dolorosa de vida, es decir, no se trató de reflexiones abstractas de un pensador. Por lo mismo no le fue difícil responder a las múltiples preguntas de los especialistas luego de su conferencia. El filósofo no contribuyó con un artículo médico más, sino que aclaró cómo el paciente, el médico y la medicina se vinculan entre sí y qué relación guardan uno con respecto al otro, y lo hizo porque lo podía valorar desde su propio modo de ver y su propia experiencia.

Como doctor puedo estar tranquilo, asumo que Gadamer no pretendió anular el derecho a la terapia, lo que hizo fue asignarle a ésta un nuevo rango, tanto en el sentido de quién da —médicos y terapeutas— como en el sentido de quién recibe —los pacientes—; un nuevo rango en el que le corresponde al médico y se le exige auto-limitarse: precisamente ahí donde comienza la tarea del paciente.

Me alegró mucho saber más tarde que Gadamer había aceptado corregir y publicar su ponencia. Ya no alcanzó a ver el texto terminado.

Quiero agradecer a la editorial universitaria Winter y a su editor en jefe, el doctor Andreas Barth, quienes se dieron a la tarea de convertir un discurso en un escrito; con anterioridad la señora Ingeborg Weymann había transcrito las grabaciones.

Heidelberg, mayo de 2002

1
Dolor: consideraciones de un filósofo

He escuchado con mucho interés las conferencias. Naturalmente no sabía con exactitud cuál era mi papel aquí. Debo relatar sobre el dolor en mi vida, una vida que con valentía he prolongado hasta ahora, o se espera de mí que ofrezca algunas reflexiones fundamentales acerca de lo que el dolor nos exige aprender en esta época en la que vivimos dominada por la técnica.

Ahora bien, comienzo con lo fundamental que percibí, para mi gran satisfacción, en las ponencias que me precedieron, y que tiene que ver con el hecho de haber hablado libremente. Generalmente no le doy tanta importancia al hecho de preparar todo y luego leer en voz alta. Uno de los atavismos más tristes de la vida académica es precisamente dar conferencias en esa forma. Resulta inverosímil. ¡No puede ser que exista! ¡Una conferencia! ¿Se logra mediante una conferencia que el otro verdaderamente entienda? Por supuesto que siempre tengo a mi lado algunas notas, es conveniente que parezca preparado de alguna manera, pero en realidad trato de entablar una plática con el auditorio al que me dirijo. Y esa plática no puede consistir nunca en que uno, desde el centro, hable a los demás. Luego, al final de mi sencilla contribución, hay evidentemente una verdadera discusión, una que nos permita, más allá de los límites de nuestro propio horizonte, recibir alguna enseñanza. Por ello es valiosa toda conversación, pues despierta en nosotros la conciencia de nuestros propios límites.

Para saber lo que es el dolor, tal vez sea sensato preguntarse acerca de la primera vez en que percibimos conscientemente el dolor. ¿Qué es, por ejemplo, el primer grito que lanzamos al momento de nacer? ¿Una expresión de dolor? ¿Sabemos algo al respecto? ¿Se puede saber algo? Yo no lo sé. Seguramente se trata de una curiosa reacción ejecutada, por así decir, no sin energía frente a este increíble e inimaginable cambio en el mundo, cambio que provoca el grito al nacer; una señal de que la vida comienza así, con ese grito, con esa explosión de energía en la que dolor y extrañeza juegan un papel. Ahí ya percibo, en ese primer grito, una alusión a la charla, a la conversación con el otro, ese que nunca hemos visto, la propia madre o el médico. En esta situación primigenia nos topamos con preguntas interesantes.

Indudablemente, apenas se puede conocer mejor el papel de la medicina actual que cuando se la ve como un campo de trabajo que se consume en el combate contra el dolor, no obstante, eso nos puede llevar a olvidar fácilmente que, desde siempre, librarse de fuertes dolores ha sido una de las experiencias de la vida humana: todos conocemos los esfuerzos extraordinarios y las tareas particulares que implica esa reacción inmediata de la naturaleza que experimentamos como dolor. Aparentemente es parte del equilibrio de la vida humana recorrer estados de dolor y de alivio sin que sea necesario, de manera general, recurrir a algún tipo de ayuda médica. Piénsese, por ejemplo, en el dolor muscular que no es en realidad una enfermedad, sino la consecuencia de un esfuerzo excesivo. Con toda certeza es posible asumir que el hecho de soportar y aliviar el dolor ha sido también y desde siempre una de las metas de la conducta humana. Por esa razón resultaba natural que las madres y las abuelas intentaran aliviar el dolor de los niños, y que en realidad tampoco olvidaran a la generación de adultos autónomos.

De igual manera, resulta natural que estas técnicas heredadas por generaciones, es decir, las posibilidades de tratamiento del dolor, hayan sufrido un cambio fundamental. El cronista de estas transformaciones es el médico tratante. Los pacientes exigen —incitados por los medios masivos— recurrir a los tratamientos químicos precisamente en los casos donde el doctor debería evitarlos por buenas razones, pero al rechazarlos se arriesga a perder su reputación. El combate al dolor se convierte así, en la época dominada por la técnica (*Technik*), en un problema especial para el tratamiento médico, sobre todo cuando es necesario aliviar el dolor. Mediante el desarrollo técnico y sobre todo el de la ciencia química, se encuentra uno confrontado sin duda a ámbitos de acción totalmente nuevos en la curación, de modo que apenas si se consideran y atienden las formas naturales de tratamiento.

Ante este estado de cosas nadie podrá sorprenderse de que se abuse de los recursos modernos, o dicho de otra manera: raras veces se da el encuentro entre el desarrollo natural de la curación y la necesaria paciencia para ello. Es evidente (o al menos debería serlo) que junto con los hospitales con un equipamiento tecnológico avanzado y las correspondientes escuelas superiores de medicina deberían atenderse igualmente los procedimientos tradicionales de curación. Sus beneficios saltarán a la vista en la medida en que aprendamos a entender dichos procedimientos como un apoyo en los procesos de curación. Nadie podrá negar seriamente la utilidad de los medicamentos que la ciencia pone a nuestra disposición y que alivian o evitan el dolor; un proceso de curación natural no brinda auxilio tan rápidamente a la salud, pero tiene un efecto duradero y benéfico.

Regreso ahora a la primera experiencia consciente del dolor. Habrá que preguntarse cómo se logra lentamente la comunicación de la vida adulta. Quién no conoce la alegría de los padres frente a la primera palabra que su hijo consigue pronunciar. Recién se nos ha dado la tarea de juzgar lo que significa aprender a hablar; una transición del juego al triunfo, un apoderamiento de aquello que nos pertenece o ante lo cual se hacen las primeras demandas. Son los años de enseñanza, cuyo significado vislumbramos al momento de abandonar la vida familiar y el íntimo mundo infantil.

De hecho yo experimenté en carne propia a los veintidós años lo que pueden ser los dolores, fue cuando —contagiado de poliomielitis— pasé semanas acostado con severos dolores de columna. Durante ese periodo me preocupaba sobre todo saber si las parálisis se intensificarían y en qué medida lo harían, sabiendo en todo momento que no se conocía ningún tratamiento contra esta enfermedad y que naturalmente los dolores no se podían evitar. Así que retomé mis estudios de filosofía postrado en la cama, y en las horas de descanso leí las obras completas de quien es, en mi opinión, el más grande escritor alemán en prosa, Jean Paul.[1] Fueron aproximadamente veinte volúmenes. Finalmente retrocedieron los dolores y

---

[1] Johann Paul Friedrich Richter (1763-1825), mejor conocido como Jean Paul, fue un escritor y humorista alemán. A pesar de que ha sido merecedor de una alta estima en la literatura alemana, existen aquellas críticas que lo reprueban; su tendencia romántica al hacer desaparecer la forma novelesca y su estilo multifacético, incluso para algunos hasta confuso, lo hacen una figura central de su época. (N. del edit.)

sólo quedó una debilidad en mis piernas que me ha permitido durante años practicar deporte, sobre todo en las canchas de tenis, donde sólo se recorren pequeñas distancias. No fue sino a mis setenta y cinco años que debí renunciar al tenis, y durante los años que pasé en Heidelberg se volvieron familiares para mí los bellos recorridos por los bosques de la región montañosa de Oden.

Hoy, sin embargo, debo caminar con bastones y entrenarme en una bicicleta fija para poder seguir utilizando mis propias piernas. Si bien, de acuerdo con el estado actual de la investigación médica, la poliomielitis apenas desata infecciones y complicaciones, vuelve a hacerse presente de forma continua en la pérdida de masa muscular que se observa en la edad adulta, lo que dificulta el poder caminar sin sentir dolor. Sin embargo, debo decir que, de manera general, he podido superar bien las consecuencias de esta dura enfermedad, así como otras experiencias de dolor muy intensas. Son precisamente estas vivencias las que nos hacen sensibles al dolor, sobre todo cuando éste no nos deja dormir. Es muy cruel tener que mirar cómo batallan los pacientes con sus noches en vela y sólo al clarear la mañana pueden intercalar una beneficiosa hora de sueño. Se trata aquí de experiencias que uno, como anciano que cojea, está casi obligado a aceptar como algo natural. Un requisito para ello es desde luego un sueño sano y reparador.

Es de conocimiento general lo mucho que ha avanzado entretanto la terapia química. Al respecto no debería olvidarse, sin embargo, que la utilización desordenada de estos avances también esconde peligros. Yo mismo soy hijo de un investigador químico y farmacéutico que consiguió un renombre en la investigación de alcaloides.

Desde luego que fue una decepción para mi padre cuando, siendo aún estudiante, en lugar de entusiasmarme por las ciencias naturales, decidí irme —para decirlo como mi padre lo haría— con los "profesores chachareros" (*Schwätzprofessoren*); en fin, también eso se puede superar y al final los padres nada pueden hacer para cambiarlo. Pero no debe olvidarse que uno no sólo recibe la herencia genética del padre sino también de la madre. A ella la perdí a los cuatro años y a consecuencia de esto perdí también su profundo entusiasmo por las artes, mientras que sólo posteriormente, a través de la lectura de su legado, logré conocer su apego religioso. Mi padre era en ese sentido muy diferente, algo que un pequeño episodio puede ilustrar de forma graciosa.

Mi padre murió a los sesenta y un años de edad, algo que no debe sorprender debido a las condiciones en los laboratorios donde él tuvo que trabajar (murió de un tumor en el pulmón). Mientras se encontraba ya cerca del final en la clínica de Marburgo, se preocupaba mucho por mí. Siendo muy joven obtuve mi doctorado, pero eso no era aún una profesión, y mi ascenso a profesor universitario estaba en proceso. Así que mi padre le escribió a Heidegger, quien era entonces mi maestro, para preguntarle si podría hacerle una visita en la clínica. Y sucedió. Heidegger llegó y preguntó: "¿Señor consejero, qué puedo hacer por usted?", lo hizo amablemente, como se hace con la gente mayor. "Pues verá", dijo mi padre, "estoy muy preocupado por mi hijo, ¿qué será de él ahora? Es terrible". Heidegger lo quería consolar y le contestó: "Pero si él es extraordinario y está a medio camino de convertirse en profesor. Ya entregó su disertación y el proceso para nombrarlo profesor está en marcha". Al parecer hubo entre ambos una larga conversación hasta que mi padre, antes de despedirse, le preguntó a Heidegger: "¿Puedo preguntarle algo más, estimado colega? ¿Cree usted en realidad que la filosofía baste para darle sentido a una vida?". Esto es un ejemplo tan solo de cómo el cumplimiento de sus deberes colmaba de enorme satisfacción al científico naturalista.

Sólo años más tarde logré comprender lo que se escondía detrás de esta actitud. Mi madre murió de diabetes y unos años más tarde, gracias a la investigación de alcaloides, se encontró un medicamento capaz de tratar la enfermedad con efectividad. Creo que la visión unilateral de mi padre con respecto a mi vida se puede achacar a esos avances en medicina, avances que él no sólo podía percibir sino que él mismo, en parte, inició y que ya no podía aplicar en el caso de su mujer.

Pero creo que me he desviado un poco. Estaba confrontando ambos extremos: el primer grito de dolor del recién nacido y los achaques de la edad, el leve pero constante dolor que los acompaña. Es difícil mediar entre ambos, pues estamos metidos en el dolor y no podemos escapar de él. El dolor abarca en cierto modo nuestra vida y nos desafía constantemente. Es mucho lo que el dolor exige. Es indispensable no perder el ánimo, sin importar qué tan grande sea el dolor. Aquel que lo logra puede —existe para ello una maravillosa palabra en alemán— "sobreponerse" (*verwinden*) al dolor. El lenguaje es tan sabio, vivimos todos de la sabiduría del lenguaje, sobre todo nosotros, los filósofos. Sobreponerse, ¡qué palabra! ¿Y qué se dice con eso? Desde ahí habla un cierto dominio del dolor. Quizá lo más sorprendente en nuestra de por sí sorprendente vida es que uno olvide —que pueda olvidar— que precisamente lo más valioso desaparece. El olvido es debilidad. Aquí existe obviamente la posibilidad de intervenir en el dolor mediante nuestra propia resistencia ante él, al entregarnos totalmente a aquello que nos colma por completo. Nada permite soportar el dolor de manera más sensata que el sentimiento de que algo está surgiendo dentro de mí, de que algo irrumpe en mi interior. Hay un enorme arsenal de cosas pendientes que anhelamos superar. En este sentido, el dolor es una gran oportunidad, tal vez la más grande, para poder por fin "terminar de una vez por todas" (*fertig zu werden*) con lo que se nos ha impuesto. La verdadera dimensión de la vida se vislumbra en el dolor, cuando no nos dejamos vencer por él. Es aquí donde veo uno de los mayores peligros de nuestra época tecnológica, es decir, que estas fuerzas son subestimadas y que nuestras propias capacidades —como puede inferirse— no alcanzan un pleno desarrollo. Ante ello, se encuentra la alegría de saber que las cosas salieron bien, de haber dominado la situación, y el tener de nuevo la sensación de estar sanos. No puedo negar que esta alegría por haberlo conseguido, por estar vivos y alertas, por entregarnos por completo a algo —que es también parte de estar vivos—, todo ello es el mejor medicamento que la naturaleza es capaz de poner en nuestras manos.

En mi propia vida he intentado, sobre todo, incrementar las fuerzas de mi organismo. Para ello tuve la suerte de encontrar un buen médico que además fue un buen amigo. Me refiero a Paul Vogler que ocupó la tercera Cátedra de Tratamiento Terapéutico Natural en el Hospital Charité de Berlín. En vida fue además una figura excepcional. Hoy, es decir, en estos tiempos en que los peligros de las terapias químicas, las únicas posibles para combatir enfermedades, son de todos conocidos, él estaría aquí en la mejor compañía..., espero me disculpen la ironía. Circunstancias particulares llevaron a Vogler hasta su destino. Al principio asumió la dirección de un hospital para trabajadores de la región de Lusacia, pero muy pronto se mostró descontento con la situación financiera de la asistencia médica, de modo que se estableció en Frankfurt del Óder para aplicar con mucho éxito procedimientos curativos naturales siguiendo una vieja tradición familiar. Avivado por este éxito, perfeccionó sus investigaciones en ese campo, yo personalmente estoy muy en deuda con él por su impresionante ayuda. Así que pienso que para el contexto aquí descrito, si enfatizo este aspecto, no soy exactamente un extraño en el terreno de la medicina. En efecto, también el concepto de la filosofía hermenéutica, que se puso de moda a través de mis trabajos, remite a lo mismo: la palabra "hermenéutica" viene del nombre Hermes, el mensajero de los dioses. ¿Y qué es el mensajero de los dioses? ¿Es que hubo alguna vez un mensaje de parte del mensajero, una noticia que Zeus le haya encomendado leer o anunciar? No lo creo. Nunca le dio ningún mensaje. Sin embargo, Hermes viaja por todas las comarcas y anuncia "su" mensaje (*seine Botschaft*). Eso es lo que dice la palabra "hermenéutica": en lo que leo, aprendo, digo, o escucho, no se encuentra aquello que debe darse a conocer; aquí no hay presuposición. Más bien se trataría de poner las cosas a discusión, de hablar de ellas, que es nuestra forma de comprenderlas para así, si la constelación apropiada se da, incluso mientras calmamos nuestros dolores y las restricciones que éstos nos imponen, ponernos de acuerdo acerca de aquello que somos. Es eso lo que tanto me ocupa en torno a las cosas. El hecho es que la alegría del éxito sigue siendo una de las alegrías más grandes de la vida, y que las oportunidades que en ello radican para el proceso de curación no suelen ser suficientemente apreciadas. Por supuesto que comprendo que sin la industria química no tendríamos a nuestra disposición los múltiples recursos y métodos de la medicina moderna, con los cuales se logra salvar una infinidad de cosas. Pero fortalecer nuestra forma de vida y gracias a esta reanimación volver a experimentar nuestras propias habilidades y posibilidades de éxito, esa es la enorme cuestión que se plantea lo mismo a la propia fuerza vital que al dolor.

Discusión

Expuso usted lo importante que es una conversación correcta y adecuada, algo que cada vez más va en retroceso. ¿Está pensando usted en las múltiples computadoras personales, en la computarización progresiva de nuestra sociedad que lleva a las personas a estar sentadas mucho tiempo frente a los monitores? Tal vez lo que sigue es que se les instale un catéter para poder pasar más tiempo ahí sentadas. ¿Cuál es su opinión al respecto? ¿Cómo evolucionará todo esto, sobre todo en vista del incremento que podemos observar en los padecimientos de espalda?

Hans-Georg Gadamer [HGG]: ¡Muchas gracias! Bienvenida la pregunta. Creo, en efecto, que nos encaminamos hacia tiempos difíciles. La creencia en la informática y la despersonalización que la acompaña, despersonalización relacionada con lo que he mencionado aquí, no es desde luego el camino más útil para el control, o mejor dicho, para el dominio del dolor, para sobreponerse a él. Desde luego que se trata de avances de los cuales también podemos aprender, si tan solo seguimos creyendo en la vida. Estoy plenamente convencido de que habrá nuevas formas de instruirse para la vida, en el más amplio sentido de la palabra, formas que deben entenderse en oposición al mundo de las máquinas, y que de ello podremos sacar las conclusiones necesarias.

Si entiendo bien sus palabras, el dolor puede también tener sentido, podemos decirle sí al dolor. Sin embargo, si observamos el desarrollo de la medicina (también aquí, en el congreso), entonces vemos que la tendencia que se observa es en sentido contrario. Una y otra vez vemos y escuchamos lo siguiente: recibimos poco medicamento, pocos opiáceos, por ejemplo. Escuchamos las comparaciones en kilogramos por cada 100,000 habitantes y quizá deberíamos tomar Dinamarca como muestra. En el fondo continuamos sin modificar un enfoque que es justamente contrario a lo que usted ha dicho: buscar el sentido también en el dolor. Intentamos evitar lo más rápido posible la cronificación del dolor y encontramos todas las trampas y mecanismos para hacerlo posible. Por lo tanto, veo aquí una cierta contradicción.

HGG: Concuerdo con usted. Lo que usted acaba de decir es justamente lo que yo exijo. La pregunta es, ¿quién sabrá aprovechar la mejor posibilidad y hacerla útil para sí mismo? En mi opinión, el manejo del dolor no puede consistir en hacernos olvidarlo lo más rápido posible; más bien deberíamos intentar capacitarnos, por así decirlo, para llevar una vida soportable mediante la propia entrega a aquello que nos colma.

Directamente ligado a eso: ha dicho usted, seguramente con toda razón, que representa una gran alegría poder vencer el dolor con nuestras propias fuerzas. ¿Pero qué sucede con las personas que no lo logran? ¿No significa eso una pauperización del ser humano y de su vida cuando el dolor se convierte en el tema dominante y la persona es incapaz de vencerlo por sí misma? ¿Necesita entonces la ayuda de otro, del médico o tal vez de la química?

HGG: Ciertamente existen esos casos. No niego en absoluto la necesidad de ese tipo de medicina. Pero el médico es algo más que un consejero competente, sólo por tratarse de un especialista en casos de enfermedad; él fortalece exactamente aquello de lo que hablé, es decir, que uno colme de algún modo la vida que vive. Eso precisamente se lo debemos al médico cuando no sólo nos entrega medicamentos.

Profesor, su vida abarca 100 años de civilización durante los cuales se han dado enormes transformaciones. Pienso sobre todo en la televisión. ¿Qué abismo en la existencia de los humanos debemos imaginarnos, un abismo que les permite pasar hasta tres horas del día mirando un medio así? ¿Y no es verdad que este síntoma de nuestra sociedad contemporánea muestra que los mecanismos para manejar el dolor y para la auto-curación están tan degenerados y tan distorsionados que sus palabras, si bien son muy bienvenidas, están al mismo tiempo alejadas de la realidad?

HGG: Con toda seguridad es cierto. La mayor amenaza a la familia es la televisión. Provoca que la gente no platique. Se nota en cualquier velada. Es un hecho que enfrentamos, en este sentido, tiempos difíciles, ya que todo se adapta a esta forma de relacionarse unos con otros. Creo, sin embargo, que la necesidad de comunicación y de hablar libremente no puede ser superada. La gente siempre dirá: "Eso que yo me he imaginado, la televisión no lo puede ni mencionar de pasada". Hay una gran diferencia entre ver a otra persona directamente frente a mí, y que esa persona me hable a través de una pantalla. También es una cuestión de la colaboración, de la participación activa con el otro. Creo que podemos estar tranquilos en este punto. Estoy convencido de ello y puedo percibirlo: los seres humanos son los mismos en todas partes y expresan la vida en todas partes; es algo que no deberíamos olvidar. Albergamos en nuestro interior fuerzas extraordinarias que no pueden darse fácilmente por perdidas. El médico tiene aquí una fuerza mayéutica: él nos ayuda a hacernos conscientes de esas fuerzas, y esta toma de conciencia se efectúa a través del dolor.

Si asumimos las consecuencias de su interpretación acerca del origen del dolor y de su terapia, eso significaría entonces una revolución en la terapia de los dolores crónicos. Podríamos olvidar inyecciones, medicamentos y cosas semejantes. Solamente tendríamos que infundirle valor al paciente para que logre arreglárselas con su dolor.

HGG: Usted quiere decir, sólo con ayuda de todo su organismo, pero no sin ningún tipo de ayuda; si es así, me ha entendido bien.

Lo que usted ha dicho, el descubrimiento de las propias capacidades de auto-curación, es lo que enseñan hoy los psicólogos en la medicina del comportamiento. Es un área importante de la medicina. Desafortunadamente no es aceptado ni reconocido aún de manera general que la mayor parte del tratamiento contra los dolores proviene de las propias fuerzas de cada persona. Sus explicaciones tienen, sin embargo, un ilustre antecesor: hace 420 años dijo Montaigne algo muy similar. Sabía muy bien de lo que hablaba debido a una litiasis y a los cólicos recurrentes que padecía; resulta interesante que sus escritos filosóficos estén fuertemente determinados por el dolor desde que, a los cuarenta años, lo sorprendieron estos padecimientos. En sus Ensayos reflexionó una y otra vez sobre el dolor y dejó asentadas ahí las experiencias que vivió al tratar de combatirlo. El libro está lleno de trucos con los que se puede resolver el dolor. Se puede leer: "Si no vences tu dolor, él te vencerá a ti". No escribió: "Si tu médico no vence tu dolor, entonces el dolor te someterá". Montaigne habló de un "tú" (du), es decir, se refirió directamente al lector. Creo que lo que usted ha dicho es una gran enseñanza, y refuerza a los psicólogos que ahora lo sustentan científicamente y tratan de divulgarlo entre la gente. Fortalece la postura de ellos porque usted lo ha dicho.

HGG: Me alegro mucho y confieso que conozco muy bien a Montaigne. Acaba de aparecer esta nueva y bella traducción al alemán hecha por Hans Magnus Enzensberger, la encontré en mi casa. En el libro hay escritas cosas maravillosas sobre la enfermedad incurable, la muerte. ¡Así pues, muchas gracias por la confirmación!

Profesor Gadamer, imagínese lo siguiente. Usted lleva cinco años de dolores crónicos y acude al médico. ¿Qué espera usted de su doctor en la época actual? ¿Cómo se imagina usted al doctor ideal? ¿Qué espera de él?

HGG: Sí, naturalmente. Espero sobre todo poder fortalecer las capacidades de mi propio organismo, sin importar cuál sea el padecimiento que tenga. Le confieso (y lo mencioné ya en mi conferencia) que mis convicciones en este terreno se las debo esencialmente a mi amigo, el fallecido Paul Vogler, catedrático de procedimientos naturales de curación del Hospital Charité de Berlín. Quiero enfatizar que llegué a esta avanzada edad sólo gracias a la incorporación razonable de todo aquello que Vogler defendía. ¿Ese nombre le dice algo? ¡Hoy nadie sabe quién fue Paul Vogler! No se trata tanto de conocerlo, pues lo que él enseñaba se puede experimentar en todas partes. Antes teníamos a la abuela que administraba compresas y todo tipo de cosas útiles en cualquier ocasión. En cierto modo, Vogler abrió cosas en mí que siempre estuvieron esperando ser abiertas. Él mismo llegó a sus resultados después de dar los rodeos que señalé en mi modesta contribución. Empezó informándose con las abuelas —en Frankfurt del Óder, si no me equivoco— acerca de cómo ellas manejaban estos contagios, y luego estudió ese conjunto de cosas y mostró en qué grado, bajo qué circunstancias y con qué posibilidades aquello podía realmente conducir al éxito. Es la tradición, la transmisión la que nos pone el conocimiento en las manos, la que es capaz de pasar de unos a otros lo que las personas de forma individual han experimentado en sus vidas, lo que han aprendido de los demás, y lo que a su vez informarán después a otros.

Quisiera preguntar algo más: No tengo nada en contra de Kneipp,[2] pero en su opinión, ¿cómo debería un doctor manejar esos pacientes? ¿Podría darnos algunos consejos prácticos?

HGG: Tal vez lo principal sería educar a las personas. Se trata del paciente, no tanto del médico. Desde su punto de vista es muy comprensible que usted pregunte algo así, y yo le he dado ya la respuesta. Lo que he tematizado es la lamentable condición en la que el médico apenas si puede actuar libremente, más bien obedece al dictado de la ciencia y de la industria químicofarmacéutica, de modo que cada vez más pierde la práctica de entender realmente al paciente como sería sensato hacerlo: en su propia responsabilidad para sí y para con la vida en general.

Me parece magnífico lo que usted nos dice aquí y lo que sostiene. En los últimos diez o quince años he tratado muchos e innumerables pacientes con dolores de espalda. Para estos pacientes el dolor es el medio para cerrar la puerta o el portón al mundo. Y cuando ese portón queda

---

[2] Sebastian Kneipp (1821-1897) fue un sacerdote y médico naturista alemán, siendo uno de los precursores de la hidroterapia y de la medicina natural en el renacimiento de la balneoterapia. Su doctrina es conocida como la cura de Kneipp. (N. del edit.)

cerrado, se pierde entonces la posibilidad de ocuparse del mundo en forma vigorosa. Y cuando eso ya no es posible, no podemos encontrar para nuestras vidas las cualidades que usted nos ha mostrado.

HGG: Quizás sea esa la mayor prueba que existe.

Considero que se está polarizando aquí en extremo. Me parece fantástico lo que nos ha dicho el profesor Gadamer. Pero para alcanzar eso se requiere de una personalidad como la suya. No obstante, una objeción. Con mucha pena hemos tenido que aprender que para los pacientes con dolores crónicos a menudo son válidos otros criterios. Ese paciente queda tan impedido por el dolor que ya no es capaz de desarrollar las cualidades realmente extraordinarias que quizá posee, sino que debe primero, con ayuda de la industria química, recuperarse hasta tal punto que pueda desarrollar dichas habilidades. No me parece correcto hacer como si sólo existiera una cosa o la otra. Con ayuda de la curación natural quizá sea posible ahorrarse muchos medicamentos, también se puede conducir más tempranamente a las personas a esa fase mediante procedimientos alternativos. Precisamente porque las terapias contra el dolor se encuentran aún en un estadio de desarrollo incipiente, no me parece bueno derribar todo de un golpe. Cada individuo es más débil que los ejemplos que usted nos ha dado, ejemplos que provienen de personalidades extraordinarias y sobresalientes, pero desafortunadamente no representan a las personas normales.

HGG: Me parece que subestima usted a la naturaleza. No deberíamos olvidar que los medicamentos requieren por lo demás un organismo sano.

En la conversación con nosotros —no en su conferencia— ha dicho usted, más bien ha preguntado: "¿Qué es el dolor? ¿Es una advertencia, un recordatorio?". ¿Qué es el dolor para usted?

HGG: Ambas cosas. Espero de hecho haber podido mostrar que uno logra vencer las grandes dificultades cuando uno está realmente colmado de otras cosas. Naturalmente no estaría yo aquí si quisiera defender una vida errada. Nada más alejado de mí.

Profesor Gadamer, queremos agradecerle sinceramente que haya elegido seguir este camino no poco laborioso hasta nosotros y que lo haya encontrado, que haya discutido con todos, y nos haya llevado a una visión importante, a saber, que el yo tiene un papel muy especial en la palabra dolor. Muchas gracias.

Epílogo a la edición en alemán
Hermann Lang

"LE CORPS EST LE négligé, 'le passé sous silence'" ("El cuerpo es lo desatendido, 'lo pasado por alto'"),[1] escribe Sartre en sus reflexiones sobre la experiencia humana del cuerpo. "El cuerpo es lo sobrepasado, lo sucedido en silencio". Parece ser constitutivo de la existencia humana que el cuerpo permanezca callado durante la vida cotidiana, que podamos olvidarnos de él, que de algún modo él cumpla su cometido al permitirnos que, gracias a su silencio, podamos entregarnos por completo al mundo y a nuestras tareas en él. La salud puede definirse en realidad diciendo que los órganos callan. De ese modo puede justificarse que Gadamer hable de "el enigma de la salud", y que incluso haya escogido esta constatación como título para sus ensayos reunidos en torno al problema del cuidado de la salud y del arte de la medicina.[2] La salud es algo que rehúye. "Ella forma parte del milagro de poder olvidarse uno de sí mismo";[3] muy probablemente la salud puede sentirse en el plano subjetivo como un bienestar. Esta parte oculta de una existencia corporal, que solemos dar por hecho, falla cuando buscamos al médico y éste nos pregunta: "¿Qué le duele?". Hasta antes de ese momento parecía que "todo" había estado bien ahí, en ese estado de bienestar. La enfermedad, entendida como lo contrario de la salud, surge "como aquello que importuna, que molesta, es lo peligro-

---

[1] Jean-Paul Sartre, *El ser y la nada*. Buenos Aires, Losada, 1943.
[2] Hans-Georg Gadamer, *Über die Verborgenheit der Gesundheit*. Frankfurt, Suhrkamp, 1993.
[3] *Ibid.*, p. 126.

so, aquello con lo que debemos acabar".⁴ Y dentro de esa condición de inoportuno se encuentra en primer plano el "dolor". Su función en la vida es que "la sensación subjetiva remita a una alteración en el ajustado contrapeso del movimiento vital que es constitutivo de la salud".⁵ Casi ningún otro síntoma desafía a la medicina moderna como lo hace el dolor. Ante el dolor, "lo que corresponde es acabar con él". "El combate al dolor es una tarea evidente para el médico", escribió el cirujano Sauerbruch en 1936. Niemann comenta esta frase en el sentido de que la postura médica frente al dolor está determinada en gran medida por una imagen de combate que muestra el dolor como un enemigo.⁶ Las medicinas correspondientes aparecen entonces como las armas para la batalla contra la enfermedad. Una intervención somática presupone un cuerpo entendido como *res extensa*, como un cuerpo medible. Con su capacidad técnica la ciencia puede inducir "a creer que todo es posible, por ejemplo cuando el cirujano dice: 'Esto lo eliminamos'".⁷ ¿No es verdad, por otro lado, que la enfermedad y la muerte nos instruyen sobre los "límites de lo realizable"? ¿Se agota la experiencia del dolor en su objetivación como síntoma de "un caso" que debe ser eliminado lo antes posible? Dado que la enfermedad se expresa a través

---

⁴ *Ibid.*, p. 135.
⁵ *Ibid.*, p. 139.
⁶ Ulrich Niemann, "Ethische und theologische Aspekte des Schmerzes", en Michael Zenz e Ilmar Jurna (eds.), *Lehrbuch der Schmerztherapie*. Stuttgart, Wissenschaftliche Verlagsgesellschaft, 1993.
⁷ H.-G. Gadamer, *op. cit.*, p. 163.

del dolor, ¿no se evita así, y desde el principio, experimentar lo que puede significar la enfermedad para los humanos? Desde luego, el dolor puede ser una tortura, como una "llamarada que consume". Gadamer cita aquí, entre otros, a Rilke, quien, enfermo de leucemia, y a propósito de la "llamarada del dolor que lo consumía",[8] expresó cómo el dolor lo llevó a alienarse de sí mismo: "Oh, vida, vida, estar afuera". El dolor nos "devuelve del enorme y amplio exterior que significa nuestra experiencia del mundo a lo interior". Schiltenwolf relata que para muchos e innumerables pacientes crónicos, el dolor es siempre el medio "para cerrar la puerta o el portón al mundo". Y una vez que esto sucede, "se pierde entonces la posibilidad de ocuparse del mundo en forma vigorosa".

Gadamer se pregunta si en la cita de Rilke no se aborda también una verdad general: esa que nos ha acompañado desde siempre en la historia de la Pasión, y que se puede encontrar de hecho en todas las culturas, tan pronto coinciden, por un lado, la internalización mediante el sufrimiento, y, por otro lado, la capacidad de soportar el dolor. ¿No es verdad que esa "internalización" (*Verinnerlichung*) nos da una señal en el sentido de que "eliminar o bien deshacerse" muy rápido de la enfermedad despoja a ésta de su valor en la vida humana?[9] Gadamer remite aquí a Viktor von Weizsäcker, con quien tuvo algunas charlas, y quien siempre preguntaba: "¿Qué le dice la enfermedad al enfermo? No tanto: ¿qué le dice al doctor?, sino, ¿qué le quiere decir

---

[8] *Ibid.*, p. 100.
[9] *Ibid.*, p. 102.

al enfermo? ¿Es posible que eso incluso le ayude al enfermo, si éste aprende a preguntárselo?". Von Weizsäcker funge como uno de los pioneros de la medicina psicosomática.[10] Uno de los intereses centrales de la "antropológica médica" de von Weizsäcker fue incorporar al "sujeto" en la medicina moderna. Schiltenwolf continúa con esta tradición de Heidelberg cuando habla de alcanzar un entendimiento del paciente como sujeto, cuando pide convertir al paciente en "compañero de juego" (*Mitspieler*). Si se interviniera de forma inmediata y radical con medicamentos en un caso de enfermedad psicosomática, el paciente no tendría ya oportunidad de procesar y resolver los problemas psíquicos y psicosociales que tal vez han sido desplazados a lo orgánico. Ese fue el gran hallazgo de la psicoterapia, es decir, el haber descubierto que los síntomas corporales o mentales pueden tener un "sentido" (*Sinn*), que pueden ser entendidos como un acontecimiento útil en el devenir existencial de la persona afectada, que tienen como fundamento ciertos conflictos y cargas psicosociales.

Una de las primeras pacientes, cuyos análisis y terapias fueron pioneras para la psicoterapia moderna, fue una enferma crónica, Elisabeth von R. Cuando Sigmund Freud la visitó, ella se quejó de fuertes dolores en las piernas que cada vez más le hacían imposible caminar. ¿Qué situación imperaba cuando

---

[10] Viktor von Weizsäcker, médico y fisiólogo alemán, nació en Stuttgart el 21 de abril de 1886. Es mejor conocido por su trabajo pionero en la medicina psicosomática y por sus teorías sobre la antropología médica. Fallece el 9 de enero de 1957 en Heidelberg. (N. del edit.)

estos dolores se presentaron por primera vez? Elisabeth se encontraba de vacaciones veraniegas con su madre, su hermana —enferma de gravedad—, y el esposo de ésta. Elisabeth estaba enamorada de su cuñado, sin poder confesarlo ni admitirlo, dado que sentía un gran apego por su hermana. La aparición de la enfermedad fue precedida por dos situaciones muy próximas que aparentemente desencadenaron los síntomas. A causa de su enfermedad la hermana no pudo participar en un paseo planeado para los tres, de modo que Elisabeth estuvo a solas con el "amado" cuñado. "[...] ella estuvo de acuerdo con todo lo que él decía, y se le hizo hiperpotente el deseo de poseer un hombre que se le pareciese". En seguida comenzaron las molestias, y aumentaron violentamente cuando, al pie de la cama de su hermana recién fallecida, el siguiente pensamiento atravesó su mente: "Ahora él está de nuevo libre, y yo puedo convertirme en su esposa". Aquí tenemos el siguiente conflicto: "De nuevo era un círculo de representaciones eróticas el que entraba en conflicto con todas sus representaciones morales, pues la inclinación recaía sobre su cuñado, y tanto en vida de su hermana como después de su muerte era para ella un pensamiento inaceptable que ansiara justamente a ese hombre para sí". El surgimiento de los síntomas puede ahora explicarse de la siguiente manera: "Había conseguido ahorrarse la dolorosa certidumbre de que amaba al marido de su hermana creándose a cambio unos dolores corporales". "Así se introdujo una transmudación [conversión] de la que resultó, como *ganancia*, que la enferma se había sustraído de un estado psíquico insoportable, es cierto que al costo de una anomalía psíquica [...] y de un padecer corporal, los dolores", que llegaron al punto de incapacitarla para caminar.[11]

En este caso la ayuda sólo era posible mediante la elaboración y el tratamiento del correspondiente trasfondo de causas que llevó a los síntomas del dolor. Se podría decir aquí junto con Shakespeare: "Da palabras a tu dolor: la aflicción que no habla oprime al recargado corazón hasta romperlo".[12] La charla que se desarrolló entre Freud y la paciente se mostró como terapia mediante la fuerza reconfortante de la palabra.[13]

El dolor psicosomático, sin embargo, puede aparecer no sólo a través del mecanismo de conversión descrito aquí, sino también como correlato o bien como equivalente psico-vegetativo.

En tanto que fenómeno ubicuo, la ansiedad puede conducir, a través de sus múltiples formas de aparición, a estados de tensión vegetativa, estados que luego, como correlatos, determinan el cuadro clínico. Esta "somatización" (*Somatisierung*) tiene su inicio en procesos fisiológicos, los cuales acompañan el afecto-ansiedad (*Angstaffekt*), y puede ir tan lejos que en la conciencia de la persona afectada la ansiedad misma desaparece. Se habla entonces no sólo de un correlato, sino de un equivalente de la ansiedad. No pocas veces los dolores de cabeza, por ejemplo, se pueden aclarar mediante este fundamento psicopatológico o bien fisiopatológico.[14]

---

[11] Josef Breuer y Sigmund Freud, "Estudios sobre la histeria", en *Obras completas*, t. II. Trad. José L. Etcheverry. Buenos Aires, Amorrortu, 1986, pp. 170-179.
[12] Hermann Lang, *Das Gespräch als Therapie*. Frankfurt, Suhrkamp, 2000.
[13] H.-G. Gadamer, *op. cit.*, p. 173.
[14] Véase Stephan Ahrens y Ulrich T. Egle, "Der chronische Kopfschmerz", en Sven O. Hoffman y Ulrich T. Egle (eds.), *Der Schmerzkranke*. Stuttgart, Schattauer, 1993.

Tampoco es menor el efecto que puede tener semejante trastorno psico-vegetativo, causado por el dolor, en el complejo de formas depresivas, especialmente en el sentido de la equivalencia afectiva, donde el síntoma corporal, en este caso el dolor, "representa" (*vertritt*) el afecto depresivo, el cual no es percibido o bien se percibe escasamente. Se puede, por lo tanto, hablar de una "depresión en estado larval".[15] Aquí será necesario para el médico distinguir los factores que desencadenan la depresión y averiguar acerca de una psicodinámica de la depresión "dolorosa". De esta forma, los dolores imaginarios quizá puedan entenderse un poco más. Un ejemplo de Niemann tal vez ayude a visualizar este estado de cosas.

"Una paciente de 48 años llega a la ambulancia con dolores imaginarios, y en los antecedentes clínicos resulta que junto con los típicos dolores imaginarios descritos parece jugar un papel importante la tristeza por la pérdida de una pierna. Al principio, la paciente muestra poco interés en esta constatación y minimiza el significado de la pérdida. El terapeuta entiende esta minimización como indicio de que la paciente aún no puede dedicarle la atención necesaria a la parte emocional de su dolor. Le recomienda por lo tanto un tratamiento medicamentoso, sin embargo, remite al hecho de que el tema de la pérdida aún sigue abierto. Gracias a la exitosa terapia con medicamentos y a la consolidación emocional de la relación médico-paciente se torna más fácil para la paciente retomar el tema ofrecido por su médico. Así surge, aunque de manera transitoria, una situación

---

[15] H. Lang, *Strukturale Psychoanalyse*. Frankfurt, Suhrkamp, 2000.

en la que la paciente si bien ha reducido sus dolores, también se encuentra fuertemente afectada en la parte psíquica y desestabilizada en el aspecto psico-vegetativo. El trabajo a fondo de la tristeza, junto con la terapia medicamentosa, hace posible que en un periodo de cinco meses (hubo doce contactos médicos) se reduzcan los síntomas en un 80% (según la escala visual análoga)".

"La verdadera dimensión de la vida se deja entrever en el dolor", el ejemplo del caso mencionado ilustra esta frase de Gadamer, siempre y cuando permita aparecer también el lado existencial-personal de la experiencia del dolor. A través de la vida en el dolor, a través de "la mitigación del dolor y sus limitaciones", podemos llegar a un acuerdo acerca de "aquello que somos". Quizá como en ningún otro fenómeno, en el dolor se vuelve más cercana y comprensible la vida, nuestra subjetividad humana y finita. Confrontado con una posiblemente larga y tormentosa enfermedad, Sigmund Freud escribió el 19 de marzo de 1926 —enfermo de cáncer— a su colega psicoanalista Max Eitingon: "El que uno pueda esperar algo adverso, simplemente por ser lo más probable, nadie quiere creerlo. No se deje llevar por falsas ilusiones, ni piense que estoy deprimido. Veo un triunfo en el hecho de que uno pueda mantener un juicio claro en toda circunstancia". Tener un juicio claro es un valor al que Freud se adhirió hasta el final. Su respuesta al consejo de los médicos, en el sentido de incrementar las dosis de calmantes y analgésicos, puesto que los dolores y el insomnio que éstos provocaban seguían empeorando su estado, fue: "Prefiero seguir pensando inmerso en el suplicio que no poder pensar con claridad".[16]

---

[16] *Idem.*

Ante el dolor agudo, determinado por el organismo, lo que corresponde naturalmente es poner atención a las propias funciones de alerta y percepción. Incluso en dolores crónicos puede tratarse de una importante función de alerta biológica, pero puede suceder también que biológicamente esa alerta "se vacíe" (*leerlaufen*), como por ejemplo en el caso mencionado de la paciente con dolores imaginarios o de todas las quejas que alguna vez tuvieron un fundamento "orgánico", fundamento que ya no existe y, sin embargo, los dolores continúan. Es imprescindible una aproximación integral que considere tanto lo orgánico como lo psicosocial. Basta con mostrar el efecto placebo para entender hasta qué punto el lado subjetivo-psicológico, en nuestra medicina moderna, puede influir en la experiencia del dolor.[17] O bien pensemos en esos soldados heridos que casi no se quejaban luego de sufrir lesiones graves, sobre todo si éstas implicaban un traslado fuera del campo de batalla.[18] Soldados estadounidenses de la Primera Guerra Mundial que fueron enviados al frente en los Alpes hablan en relación a esto de una "herida de un millón de dólares" (*million-dollar wound*). Un caso más bien contrario podría darse cuando hay pacientes —como mostró nuestro proyecto oncológico de Heidelberg—,[19] que no

---

[17] Hermann Faller y Hermann Lang (eds.), *Medizinsche, Psychologie und Soziologie*. Berlín, Springer, 1998.
[18] Henry K. Beecher, *Measurement of Subjective Responses: Quantitative Effects of Drugs*. Nueva York, Oxford University Press, 1959.
[19] Hanne Seemann y Hermann Lang, "Coping with cancer pain", en Hans-Jörg Senn y Agnes Glaus (eds.), *Supportive Care in Cancer Patients II*. Berlín, Springer, 1991; H. Seemann y H. Lang, "Tumorschmerzen aus psycholo-

pueden tolerar su ansiedad, y en su lugar colocan la experiencia de su dolor en primer plano, pues al hacerlo la agravan al punto de convertir esa experiencia en equivalente de la ansiedad.

En este planteamiento más amplio, exigido por Gadamer, tendrá que insertarse asimismo la dimensión social —es decir, cultural— de la experiencia humana del dolor. Se fijan aquí esquemas de interpretación y significado que conforman la experiencia del dolor de cada individuo y que contribuyen al proceso de su asimilación. El dolor como castigo, como pecado, como prueba, etcétera, fue un modelo interpretativo habitual en la cultura occidental.[20] La "apología del dolor" de Gadamer puede causar irritación, pues también puede recordarnos la estoa, pero al parecer al filósofo no le interesa el hecho de no ser tocado por dentro, como podrían sugerir los términos *apatheia* y *ataraxia*. En realidad, conecta con sus antecesores en la cátedra de Heidelberg. Karl Jaspers, en el segundo volumen de *Filosofía*, titulado "Iluminación de la existencia",[21] describe de entrada dos posibles actitudes humanas frente al sufrimiento: la primera es combatirlo en el sentido de la medicina moderna; la segunda es evitarlo, por ejemplo negándolo. Fue posible constatarlo en el ya mencionado proyecto oncológico en mi división en la Universidad de Heidelberg, cuando los pacientes intentaban obstinadamente atribuir sus dolores perceptibles a

---

gischer Sicht: Probleme und Bewältigung", en Reinhold Schwarz y Stefan Zettl (eds.), *Psychosoziale Krebsnachsorge in Deutschland. Psychosoziale Onkologie*, t. 1. Heidelberg, Verlag für Medizin, 1991.
[20] H. Faller y H. Lang (eds.), *op. cit.*
[21] Karl Jaspers, *Philosophie II. Existenzerhellung*. Berlín, Springer, 1973.

una causa diferente al cáncer, y, por lo tanto, preferían callar los correspondientes dolores ante el médico para poder mantener la posibilidad de una "atribución inofensiva de causas".

Es fundamental diferenciar de estas dos actitudes —como tercera posibilidad— "el despertar de la existencia a través del sufrimiento":

> Solamente en una situación límite puede existir el sufrimiento como algo inevitable. Ahora tomo mi sufrimiento como algo que se ha convertido en parte de mí, me quejo, sufro verdaderamente, no lo escondo de mí, vivo en la tensión del querer-decir-sí y del poder-decir-sí, que nunca alcanza a ser definitivo, lucho contra el sufrimiento para limitarlo, para postergarlo, pero lo tengo como algo extraño y a la vez propio, y no consigo ni la calma que da la armonía del soportar pasivamente, ni caigo en la rabia de la oscura incomprensión. Cada uno tiene que soportar y cumplir con lo que le corresponde. Nadie se lo puede quitar.[22]

El sufrimiento, que en nuestro contexto significa dolor, conduce a una situación límite en la que la vida humana se encuentra a sí misma como existencia finita y vulnerable. Por eso lo que corresponde es incorporar el sufrimiento causado por el dolor de manera inteligible en la ejecución de nuestra propia vida; de ese modo el sufrimiento podrá contribuir, iluminando la existencia, tanto a nuestra condición vital como a la resolución de la vida misma.

---

[22] *Idem.*

Carta de Hans-Georg Gadamer a Marcus Schiltenwolf

Universidad de Heidelberg 69117 Heidelberg, Schulgasse 6
Seminario de Filosofía Tel.: (0 62 21) 54 22 84; Fax: 54 22 78
Prof. Dr. Hans-Georg Gadamer

Enero 22, 2001

Muy estimado colega, señor Schiltenwolf,

Entretanto he vuelto a revisar el material de mi pequeña contribución y la he depurado de lo innecesario. No tendría ahora ninguna objeción para mandarla a la imprenta. No obstante, encontré que algunas de las respuestas que di durante la discusión fueron mejores que el texto actual. Donde le resulte obvio, puede usted agregar esto o aquello a la impresión, lo que le parezca importante como formulación, ya sea como una nota al pie o como referencia a la discusión. Percibo muy claramente cómo mi capacidad de concentración padece frente al vencimiento del dolor que ahora tengo —si bien muy soportable—, especialmente en la cadera. No concluí, sin embargo, una mayor profundización del planteamiento del tema sobre el abuso de las drogas o del engaño a través de la publicidad. Tal vez le sea suficiente con saber que la primera página evita entretanto malentendidos triviales.

[No es posible traducir la parte escrita a mano.]

H.-G. GADAMER

UNIVERSITÄT HEIDELBERG
PHILOSOPHISCHES SEMINAR

Prof.Dr.Hans-Georg Gadamer

69117 HEIDELBERG, Schulgasse 6
Tel.: (0 62 21) 54 22 84; Fax: 54 22 78

22. Januar 2001

Sehr geehrter Herr Kollege Schiltenwolf,

inzwischen habe ich das Material meines kleinen Vortrags
noch einmal überprüft und von Unnötigem gereinigt. Ich
hätte jetzt gegen eine Drucklegung keine Einwände mehr.
Allerdings fand ich manche Antworten, die ich in dem Gespräch
gegeben habe, fast besser als der jetzige Text ist. Wenn
Ihnen das einleuchtet, könnten Sie ja das eine oder andere,
was Ihnen als Formulierung wichtig scheint, etwa als Anmerkung
und Bezugnahme auf die Diskussion, der Drucklegung hinzufügen.
Ich spüre doch sehr, wie meine eigene Konzentrationskraft
unter der Besiegung der Schmerzen leidet, die ich in ganz er-
träglicher Form, vor allem im Hüftgelenk,habe. Ich habe
aber eine größere Vertiefung in die Fragestellung etwa zu dem
Thema des Mißbrauchs von Drogen und auch der Irreführung durch
die Reklame, nicht mehr fertiggemacht. Vielleicht begnügen Sie
sich so, nachdem die erste Seite inzwischen triviale Mißver-
ständnisse verhindern soll.

[handwritten postscript, signed Gadamer]

Carta de Hans-Georg Gadamer a Marcus Schiltenwolf
Enero 22, 2001

| 69

Paradiso editores es una editorial independiente mexicana cuyo objetivo es publicar libros de alta calidad y relevancia política dentro de las disciplinas de psicoanálisis, filosofía, teoría crítica, sociología y fotografía.
www.paradiso-editores.com | pedidos@paradiso-editos.com

CONTINENTE NEGRO

Schreber: Los archivos de la locura
Alejandro Cerda, Pablo Gaitán y
Marina Meyer (comps.)

El siglo del prejuicio confrontado
Fanny Blanck-Cereijdo (comp.)

Entre dos: psicoanálisis e historia
Juan Alberto Litmanovich

Senderos del inconsciente
Ricardo Velasco

Traducir el psicoanálisis
Néstor A. Braunstein

El precipitado simbólico
José Eduardo Tappan

Tejiendo la clínica
Liora Stavchansky

Autismo y cuerpo
Liora Stavchansky

Figuras del Otro
Patricia Garrido

Alain Badiou.
Ética y política del acontecimiento
Pablo Lazo Briones y
Francisco Castro (comps.)

Elementos políticos de marxismo lacaniano
David Pavón-Cuéllar

La tiranía del sentido común
Irmgard Emmelhainz

Foucault ante Freud
Julio Ortega Bobadilla

El psicoanálisis infantil
Yolanda Martínez
y Aguilar (comp.)

Aprender a decrecer
Luis Tamayo

El sistema esperanza
Luis Alberto González Arenas

Las estructuras clínicas
Miguel Ángel Sierra Rubio

Charles Bukowski. El lado oscuro del último poeta maldito
Juan Vives Rocabert

ESTANCIAS

El cine como acontecimiento
Alain Badiou

El compacto sexual
Joan Copjec

Figuras infantiles
Christopher Fynsk

El alma, la mente y el psicoanalista
David Rosenfeld

Sobre la comedia
Alenka Zupančič

Deleuze. Historia y ciencia
Manuel Delanda

Lo ridículo sublime
Slavoj Žižek

Conferencias en México, vol. 1
André Green

Conferencias en México, vol. 2
André Green

La máquina sumatoria
William S. Burroughs

Uno se divide en dos
Mladen Dolar

¿Por qué el psicoanálisis?
Alenka Zupančič

El dolor y sus enigmas
Marilia Aisenstein

Elogio del riesgo
Anne Dufourmantelle

Nietzsche, la psicología y la filosofía primera
Robert B. Pippin

*El núcleo racional de
la dialéctica hegeliana*
Alain Badiou

Caminos cruzados
Juliet Mitchell

Dibujo especulativo
Armen Avanessian |
Andreas Töpfer

La violencia y el trauma
Marcelo Viñar

Los nuevos heridos
Catherine Malabou

Marxismo, psicología y psicoanálisis
Ian Parker |
David Pavón-Cuéllar

Infancias
Liora Stavchansky |
Gisela Untoiglich

Ardillas a las bellotas
Mladen Dolar | Slavoj Žižek |
Alenka Zupančič

Legados de infancia
Christopher Fynsk

La psicologización y sus vicisitudes
Jan de Vos

Framework
Leandro Stitzman

La piel y la huella
David Le Breton

Convergencias
Jean Laplanche

Resistencias
Judith Butler

Los laberintos de la simbolización
René Roussillon

El espanto de lágrimas reales
Slavoj Žižek

Libres para elegir
Jack Novick y
Kerry Kelly Novick

El vacío mental
Jaime Lutenberg

El hombre sin inconsciente
Massimo Recalcati

Tres escritos
Jacques Lacan

En caso de amor
Anne Dufourmantelle

Dolor
Hans-Georg Gadamer

TESTARI

En la frontera entre la vida y la muerte
Zdzislaw Jan Ryn | Stanislaw Klodzinski

De la neurología al psicoanálisis.
Los dibujos neurológicos y esquemas de la mente de Sigmund Freud
Lynn Gamwell | Mark Solms

Un monasterio en psicoanálisis
Juan Alberto Litmanovich

Las memorias de Naim Bey
Aram Andonian

ESPACIO MELTZER

El proceso psicoanalítico
(prólogo de Meg Harris Williams)

Desarrollo kleiniano III
(prólogo de Antonino Ferro)

Estados sexuales de la mente
(prólogo de José Carlos Calich)

Vida onírica
(prólogo de Miriam Botbol)

Desarrollo kleiniano I
(prólogo de Clara Nemas)

La aprehensión de la belleza
con Meg Harris Williams
(prólogo de Jean Marc Tauszik)

Desarrollo kleiniano II
(prólogo de Nilda Fernández de Chacón)

Dolor.
Considerations
desde una visión médica,
filosófica y terapéutica, se terminó de
imprimir el mes de septiembre de 2020
en Gráfica Premier, S.A. de C.V., Calle 5 de
febrero 2309, Col. San Jerónimo Chicahualco,
C.P. 52170, Metepec, Estado de México. México,
D. F. Se tiraron mil ejemplares en papel cultural
de 90 gramos. Se utitizaron en su composición,
elaborada por Alejandra Torales M., tipos
Bell MT 9:12, 10:14, 12:15, 11:15
y Bodoni MT 8:10, 12:14,
14 : 1 6 .

P

PARADISO EDITORES en colaboración con UNIVERSITÄTSVERLAG WINTER presenta "Dolor" (*Schmerz*) un libro de HANS-GEORG GADAMER cuidado de la edición ALEJANDRO CERDA diseño de portada LUIS HORI GONZÁLEZ diseño de interiores ALEJANDRA TORALES traducción JESÚS PÉREZ RUÍZ revisión técnica PARADISO EDITORES | UNIVERSITÄTSVERLAG WINTER fotografía de portada ANDREA TEJEDA K. colección ESTANCIAS